헤르만 헤세 시집

헤르만 헤세 시집

이장영 옮김

도서출판 교원사

차 례

가보트 11

마을의 저녁 12

곤돌라 13

와인을 마시며 14

슈바르츠발트 15

선회 16

두 개의 계곡으로부터 17

봄 18

두려움 19

오늘 말고 21

보라색 장미 22

순례자 23

나쁜 날 24

내 사랑 25

북쪽에서　26

피너도밤나무　27

빨간 끈들　28

노래책과 함께　29

야상곡　30

마리아　32

멜로디　35

너무 늦은　36

밤에　37

사라사테　38

그리고 내일　39

늦은 블루　40

사랑의 피로　41

기억　42

흑기사　43

어떻게 왔어요?　45

룰루　46

따라와!　47

여름휴가 47

라벤나 51

주제 53

밤 54

움직이는 잎 55

이른 시간 56

자작나무 57

저주 58

번개치다 59

팔월 61

친구에게 62

때때로 63

충고 64

까만 눈 65

안녕 66

나는 별 67

이탈리아의 밤 68

대답 70

축제 71

그럼에도 불구하고 73

죽음은 밤에 갔다 74

고백 75

어머니가 서있는 정원에서 77

철학 78

파두아 79

나의 익숙한 꿈 80

그리고 매일 밤 똑같은 꿈 82

연주자 83

아름다움에게 84

들판 위에 85

자정 후 한 시간 86

한 꿈이 내 문을 두드린다 88

발제 브릴란테 90

구경꾼 91

흐린 밤 92

히루자우에 대해 93

죽음의 제국 94

젊음의 도망 95

스핑크스 96

낯선 도시 98

죽은 자들 99

내가 너를 사랑하기 때문에 101

연극 102

그가 어둠 속에서 간다 103

아가씨 로자   104

가보트

생기를 잃은 정원에서 바이올린은

베이스의 낮고 강한 소리에 맞춰 노래하고,

노부부는 박자에 맞춰 뛰고

지친 얼굴로 차갑게 웃는다

그리고 모두가 알고 있다; 다른 하나는 이십 년 전과 얼마나

달랐는지 생각한다.

똑같은 옛날 춤이 얼마나

뜨겁고 손에 손을 잡고 있었는지.

마을의 저녁

양떼를 거느리고

한적한 거리를 걷는 양치기,

집들은 잠을 자고 싶어하며

이미 황혼이 깃들고 고개를 조아린다.

나는 이 벽 안에 있다

이 순간의 유일한 이방인,

슬픔에 잠긴 내 마음은

바닥까지 그리움의 잔을 마신다.

길이 나를 이끄는 곳마다

화덕이 사방에서 타올랐다;

다만 나는 고향과 조국이 무엇인지,

결코 느껴본 적이 없다.

곤돌라

너 위의 푸른 빛과 태양의 불꽃,

너 아래의 영원히 고요한 물결,

가냘프고 가볍게 움직이는 용골 위에서

너는 현악의 울림과 사랑의 유희를 나르고 있다.

너의 가벼운 벽은 검고 진지하다.

달콤한, 즐거운 오늘이 타오르는 한,

달콤하고 이상한 것은 죽음에 대한 꿈,

젊음에 대한 꿈, 사랑의 끝에 대한 꿈이다.

나의 어린 시절은

미지의 목적지를 향해 활공하고 있다

반짝이고 아름다운 먼 곳을 지나,

날씬한 곤돌라, 빠르고 가볍다 너처럼.

포도주를 마시며

가끔은 서늘한 방에서 조용히 혼자

쉬지 않고 술을 마시는 게 즐겁고,

내가 좋아하게 된 잘 익은 포도주와 함께

착하고 충실한 우정의 말을 하는 것이 즐겁다.

그러면 나와 내 땅을 순례하는 시간이,

되길 바라지만

다시 한번 고통스러울지라도,

순수한 성숙의 날이 올 것이다.

그러나 그때 한 친구는,

내 인생의 넘치는 잔을 줄 거고

감사하고 아름다운 즐거움으로 존경하며,

잘 익은 포도주를 평범한 술꾼에게 줄 것이다.

슈바르츠발트

이상하게 아름다운 언덕,

어두운 산맥, 밝은 초원,

붉은 바위들, 갈색의 협곡들,

전나무 그림자 위로 넘쳐난다!

그 위로 경건한 탑의 울림이

전나무 폭풍의 살랑이는 소리와 섞이면,

나는 오랫동안 들을 수 있다.

그러다가 밤마다 난로 옆에서

읽은 전설처럼 여기 집에 있었을 때의 기억이

나를 사로잡는다.

먼 곳이 훨씬 더 고귀하고 부드러울수록,

전나무 숲으로 우거진 산이

축복받고 풍성할수록,

내 아이의 눈에서는 빛이 났다.

선회

이제 젊은이들은 이미 기운이 없고

돌아오지 않고 가라앉았으며

일부는 생각에 잠겨 꿈꾸고

일부는 빈둥거리며 취했다.

그리고 거의 내 것이 아니었던

노래와 별의 세계는

하룻밤 사이에 향수병, 꿈, 푸른 거리까지

내게 환상적이 되었다.

두 개의 계곡으로부터

저 멀리 깊은 곳에서
종소리가 울린다,
울리고 의미한다
새로운 무덤을.

다른 계곡의 소리의 울림을
동시에 바람이
이곳으로 데려온다.

그러나 나에게는 의미할 것이다:
노래 부르기와 죽음의 외침은
한 방랑자를 위해
적절하게 맞춰졌다고.

혹시 다른 사람도 동시에 둘 다
듣는지 나는 궁금했다.

봄

희미한 무덤에서

나는 오랫동안

너의 나무와 푸른 공기,

너의 향기와 새소리를 꿈꿨다.

이제 너는

공개적으로 누워있다.

광휘와 장식품 속에

빛에 몸을 담그고 기적처럼 내 앞에.

너는 나를 다시 안다.

너는 부드럽게 나를 유혹한다.

그것은 내 모든 팔다리를

통해 떨린다.

너의 축복받은 현재.

두려움

꺼져가는 횃불
이끼 낀 계단과 벽 –
내 꿈은 떨면서 집 안을 지나가고,
불안한 손을 높이 뻗어 횃불들을 껐다.

내 머리에는 시든 화환이 눌려 있고
여전히 내 눈에는 낡아빠진 축제의 빛,
나는 쓴 입으로 홀의 유령처럼 가늘게 서서
혼자 춤을 추는데 지쳤다.

그 꿈은 나를 스쳐 지나갔고
그것은 나처럼 창백했다.
나는 그 우울한 발걸음이 복도를 어떻게
스쳐 지나갔는지 잘 들었고 두려웠다.

그곳에 서있는 꿈이 나에게 손을 내밀었다.
그 손은 차갑고 무거웠고
내 오른손을 찾았을 때.

비명을 지르며 몸서리 치며 사라져 버렸다.

그리고 더 이상 있지 않았다.

홀이 울렸다 화환은 여전히

내 머리에 있었고,

내 눈에는

성대한 축제의

깜박이는 광택이 있었다.

나는 두려웠다— 너무 밤이었다!

그때 여덟 명의 어머니의 손들이

잠의 문을 열었다.

오늘 말고

나는 네가 나에게 말하는 것을 알고 있다.
이 시간에 하고 싶다 –
말하지 마! 거기 황혼의 연못 바닥을 봐라 그리고
어떻게 거울구름이 검은 빛으로 서로를 쫓는지를
말하지 마! 오늘 밤은 나쁜 밤이다.

나는 알아, 이 시간에, 너의 가장 깊은 가슴이 사나워진다.
네가 나에게 물어볼 모든 것 때문에.
묻지 마! 너를 비참하게 만드는 말은 여전히
네 입술에 남아 있다.
말하지 마! 오늘 밤은 나쁜 밤이다.

너는 내게 그것을 내일 말해야만 한다.
우리는 모른다, 아마도 내일 모든 것이 놀라울 정도로 쉬울 것이다
오늘은 어떤 마음도 견딜 수 없고
지금 나를 비참하게 만드는 것이 무엇인지
– 묻지 마! 오늘 밤은 나쁜 밤이다.

보라색 장미

나는 너에게 노래를 연주했다.
너는 침묵했다. 여유로운 손가락으로
오른손에 크고 피처럼 붉고 잘 익은
보라색 장미를 잡았다.

그리고 우리 위에는 온화한 여름 밤 위로
이상한 광채가 피어 올랐고
놀라운 광채가 드러났다,
우리가 즐겼던 첫날밤에.

일어나서 우리를 감싸고 있는 검은 팔을
구부렸고, 그것은 매우 편안하고 따뜻했다.
너는 보라색 장미 꽃잎을 조용히 무릎에서
쓰다듬었다.

순례자

그리고 날이 갈수록,

그것들은 빨리 늙어간다.

아마도 마지막 사람이 곧 올 것이다.

내가 서있고 질문하는 동안.

그들은 나와 함께 갔다.

손에 손을 잡은 형제들처럼,

그들은 나를 이 나라에서 저 나라로

같은 것을 바라는 집으로 데려갔다.

나쁜 날

나뭇잎은 노랗고 붉게 선회하고
바람에 휘어진 나무들은 서있고
바람에 휩쓸려 가고,
내 말과 함께 지쳤다.

먼 메마른 드넓은 곳에서
나는 너를 결딴나게 하고 싶다.
우리는 함께
사람과 말을 도랑으로 내몰고 싶다.

나는 떨면서 가만히 서 있을 것이다.
그렇지만 나는 너를 더 멀리,
우리 곁의 메마른 공간, 죽음과 악마 속으로
몰아넣어야 한다.

내 사랑

그녀는 침묵하고 먼 곳의 죽은 고인들을

애도하는 생각으로 사고했다.

나는 그녀를 많은 사람들에게 제안했지만,

아무도 그녀를 가지려고 하지 않았다.

나는 모든 거리에서 매물인 그것을 입었다.

아무도 그녀를 원하지 않았다 - 그녀는 웃을 수 없다!

나는 내 사랑을 어찌해야 할까?

나는 그녀를 죽은 사람들에게 남겨두고 싶다.

북쪽에서

내가 꿈꾼 것을 말해야 할까?
햇빛이 들지 않는
반짝이는 언덕, 짙은 나무 숲,
노란 바위, 하얀 별장.

계곡에 위치한 도시,
대리석의 흰 교회가 있는 도시가
나를 비추는데
그 이름은 플로렌스.

그리고 좁은 골목길에 둘러 쌓인,
오래된 정원에서,
내가 그곳에 남겨둔 행복은 여전히
나를 기다리고 있을 것이다.

피너도밤나무

어린 피너도밤나무는

내 첫사랑 옆에 있었고,

내가 첫 노래를 만들었을 때

그녀는 내가 쓴 것을 지켜보았다.

어떤 나무도 피너도밤나무처럼

봄의 찬란함을 만끽할 수 없고

그 누구도 이토록 생기 있는 여름 꿈을 꾸지 못하고

갑자기 시들어 간다.

어린 피너도밤나무가

내 모든 꿈에 서 있고

지나간 오월이 나무 아래서

내 사랑하는 사람을 휘감고 있다.

빨간 끈들

빨간 끈들!

너는 내게 생각나게 한다.

음악과 흰 예복들에 대해,

오랫동안 사라져버린 한 축제에 대해.

빨간 끈들! -

내 딸은 발코니 난간 위로

몸을 구부리며 웃으며

나와 악수를 나눴다.

그리고 나에게 붉은 비단으로 만든

두 개의 끈을 주었다.

나는 헤어지고 땅들을 가로질러 탔다.

내가 돌아왔을 때, 그녀는 죽어 있었다.

///
노래책과 함께

이제 너는 허리를 굽혀

활을 풀고,

이제 내 노래는

너의 부드러운 무릎에 놓여 있다.

이제 과거의 잘못이

겁에 질린 네 영혼 앞에 나타난다.

하지만 나는 이미

멀리 여행을 갔다.

야상곡

쇼팽의 녹턴 E플랫 장조,
높은 창의 아치는 빛으로 가득 차 있었다.
또한 너의 진지한 얼굴에도
영광이 날아갔다.

은빛 달이 내게 다시
형언할 수 없는 감동을 준 밤은 없었다.
감미로운 노래를 느낄 만큼
깊은 감동을 받은 밤은 없었다.

너는 침묵했다. 또한 나도; 침묵한 먼 곳이
빛 속으로 사라졌다. 생명은 없었다.
오직 호수에 한 쌍의 백조
그리고 우리 위로 별들의 진로가 있었을 때.

너는 창문 아치에 발을 들여놓았고,
너의 뻗은 손 주위에는

달의 은색 테두리가 있었고

너의 좁은 목에 둘러져 있었다.

마리아

1

너는 너무 아름다워!

황금빛 밤 들에서 가장 좋아하는 꿈,

돌출한, 마른, 엄숙한 고요 속에서

오른손에 마법의 베일을 감은

너는 너무 아름답다!

내 시선은 놀라고 가라앉을 거야

내 마음은 모든 문을 닫고,

기적을 은밀히 회상한다 -

너는 너무 아름답다!

2

그래 별들은 간다

그래 별들은 그들의 길을 간다

방황하지 않고 오해한다!

우리는 100개의 결속을 비틀고,

너는 광채에서 광채로 올라간다.

너의 인생은 유일한 빛이다!

내 어둠 속에서 너를 향해

그리움의 팔을 벌려야 하는데

너는 웃으면서 나를 이해하지 못한다.

3

하지만 너는

마이스터는 아무 말도 하지 않고

바이올린을 손에서 놓았다. 우리의 심장이 뛴다!

그러나 너는 그에게 손을 내밀어야만 했다.

너는 그들이 한 조국에서 온

행운의 아이들이라는 것을 알고 있었니?

4

내가 너에게 물었다

나는 왜 너의 눈이 내 눈에서 즐겨

쉬고 있는지를 물었다,

캄캄한 물결 속

순수한 하늘의 별처럼.

너는 나를 오랫동안 보았다.

아이를 외모로 잴 때

그리고 친절하게 말했다.

나는 좋아, 그럴 것이 너는 매우 슬프기 때문에.

5

내 인생만 있다면

내 삶이 계속되고

때로는 풍성한 덩굴손에서 농익은 한 노래가

나에게 조용히 불면,

나는 너에게 감사해야만 한다.

너는 모른다, 너의 이미지를

내 밤의 침묵 속에 묻었기 때문에.

그리고 내 노래가 일상이 된 것은

이미 너의 것이었다.

멜로디

어디인가에 거친 바다가 있고

가파른 땅들로 달려간다.

그곳에서 폭풍은 붉은 깃발과 화려한 리본을 단

배를 몰고 간다.

그리고 배에는 긴 머리를 바람에 휘날리며

고귀한 하얀 손을 비비고 있는 왕족의 아이가 있다.

깃발은 자랑스럽게 붉게 휘날린다.

그러나 여행은 끝났고 잔치도 끝났다.

그리고 신랑은 죽었다.

왕의 배는 종종 내 꿈 속을 향해 한다.

화려한 리본의 선상을 오르는 거품이 보인다.

깃발은 자랑스럽게 펄럭이고 붉다;

죽음은 돛대에 기대어 서서 웃으며

결혼식 춤에 맞춰 바이올린을 켠다.

너무 늦은

고풍스럽게 강력한 벽기둥으로

평소와 같이 성(城)이 서있다. 보라색 과꽃 위에서

철 늦은 나방이 병에 걸린 날개를 퍼덕이며

이리저리 돌아다닌다.

그리고 늘어진 침대는,

내가 너무 늦게 왔다고 말한다.

그리고 비단의 문설주로 된 발코니에서

흐릿한 테두리에 자랑스러운 눈을 가진

창백한 여왕은 우울하고 자랑스럽게 서서

손을 들고 싶어하며, -

그리고 용서할 수가 없다.

내가 너무 늦게 오는 것을.

밤에

나는 지금 배가 서늘한 밤을 항해하고
바다를 찾고 해안으로 향하고 있다는 생각에
자주 잠에서 깨어난다.
뜨거운 그리움이 나를 삼키고 있다.
이제 선원이 모르는 곳에서
붉은 북극광이 보이지 않게 타오른다.
이제 사랑을 찾는 아름답고 낯선 여자의 팔이
하얗고 따뜻한 베개 속에서 누른다.
내 친구가 될 운명이었던 그 사람은,
이제 먼 바다에서 어두운 종말을 만난다.
나를 전혀 알지 못하는 어머니가
아마 이제 자면서도 내 이름을 부르실 수 있도록.

사라사테

소리는 먼 날개를 타고 날아가고,
또 하나의 소리, 즉 마지막 소리가 그 뒤를 따라
떨면서 도망친다.
오, 내가 울 수 있다면
얼마나 아이가 장난을 슬퍼하며 울까!

나는 여전히 앉아 있다 - 환호가 울려 퍼진다 -
내 감각은 오랫동안
이상한 세계의 공기를 마신다.
그것은 이미 뜨거운 팔을 가진
아이들에 대한 나의 그리움을 포용했다.

다른 세계의 공기,
밤새 활활 타는 욕정으로
내 열광적인 눈이 명령들 속에서 멈춘,
고향 없는 자들의 땅,
태양처럼 붉은 예술의 제국.

그리고 내일

밤은 순수한 별들로 가득 차 있고,
느릅나무는 자작나무와 이야기하고,
어디에서나, 가깝고도 먼 곳에서,
여름의 멋진 작품들이다.

내 마음은 향수병의 보물과 하프 소리를 위해
먼 거리에 도달한다.
그리고 앞으로 나올 노래의 화환을 걸고
별을 올려다보며 몸을 떨었다.

내 마음이 너무 커! 내 뺨은 타오른다-
그리고 내일 나는 약간의 돈을 벌기 위해
시장과 더러운 거리를
수줍게 달려야 한다.

늦은 블루

오 순수하고 경이로운 광경이여,

너는 진홍과 금으로

평화롭고 진지하고 사랑스러울 때,

늦은 하늘색으로 빛나는 그대여!

너는 행운이 행복한 휴식을 위한 닻을 내리는

푸른 바다에 대해 경고한다.

세상 고통의 마지막 한 방울이

방향타에서 떨어진다.

사랑의 피로

나뭇가지에서 지친
바람이 잠을 자고 있다.
내 손은 햇볕에 핏빛 꽃이
펄럭이게 한다.

나는 이미 많은 꽃이
피고 터지는 것을 보았다.
기쁨과 슬픔은 왔다가 가고,
사람은 그것을 지킬 수 없다.

나도 내 마음의 피를
삶에 뿌렸는데
나는 내가 후회할지는 모르겠다.
나는 다만 내가 지쳤다는 것만 안다.

기억

어떻게 된 건지 더 이상 알 수 없다.

그저 조용히 작별 인사를 하고

말없이 너의 정원을 떠났고

그 이후로 모든 질투와 회한의 고통을 겪었다.

그리고 내가 우리의 사랑 위에

모든 증오와 모든 부정직한 조롱을 쌓을 것이라고

우울하게 생각했지만

그럼에도 불구하고 나는 비밀리에

내 슬픔을 컵에 익사시키러 갔다.

그 위로 빠른 시간이 흘렀다.

수년 동안 우리의 여름 꿈은 그 뒤 켠

밝은 베일에 놓여 있었고

문이나 다리는 더 이상

그 곳으로 돌아가는 길을 찾을 수 없다.

흑기사

나는 조용히 토너먼트에 나가

모든 승리의 이름을 걸쳤다.

나는 숙녀의 발코니 앞에서 깊이 절한다.

그러나 아무도 나에게 윙크하지 않는다.

깊은 소리가 솟아오르는 곳으로부터

나는 하프 음에 맞춰 노래한다.

하프를 타는 사람들은 모두 듣고 잠잠하지만

아름다운 여인들은 도망쳤다.

내 무기의 검은 들판에는

백 개의 화환이 걸려있고,

백 번 승리의 금은 찬란하다.

그러나 사랑의 화환은 없다.

내 관을 향해

기사와 가수들이 절을 하고

월계수와 창백한 재스민으로 덮을 것이지만

장미로는 그것을 장식하지 않을 것이다.

어떻게 왔어요?

나는 화환도 받지 않았고
길도 가지 않았다
어쩜 이리도 피곤하고 졸린 새벽이
내 앞에 놓여 있단 말인가?

노래 묶음이 내 앞에 있고
내 모든 행위와 모든 물건이 놓여 있다.
젊고 날씬하고 명료한
모든 구절은 붉은 피다.

나는 화환도 받지 않았고
계속 길도 가지 않았다.
어쩜 이리도 피곤하고 졸린 새벽이
내 앞에 놓여 있단 말인가?

룰루

높은 초원에 있는 것처럼 덧없고

수줍은 구름 그림자가

네 아름다움의 고요한 친밀함의 부드러운

고통으로 나를 어루만졌다.

꿈과 꿈 사이,

삶은 나를 따라잡고 싶어,

너무 황금빛으로 빛나고 너무 즐겁게 유혹하고,

그리고 사라져 버린다. - 나는 계속 꿈을 꾼다.

깨어나는 순간에 대한 꿈

- 운명에 대한 꿈

 그 그림자로부터 달아날 수 있을런지

내 눈이 잠든 동안.

…따라와!

따라와!

그러나 너는 서둘러야 한다 -

나는 매 걸음마다 7마일을 만든다.

숲과 언덕 뒤에는

나의 붉은 말이 서 있다.

따라와! 나는 고삐를 잡고

내 붉은 성(城)에 나와 함께 가자.

거기에 황금 사과가 달린

푸른 나무가 자라고

거기에서 우리는 아무도 꿈꿀 수 없는

은빛 꿈을 꾼다.

아무도 누리지 못한 희귀한 쾌락이 낮잠을 잔다.

월계수 아래에서 보라색 입맞춤 -

나와 함께 숲과 언덕을 넘어 가자!

꽉 잡아라! 나는 고삐를 잡고

내 붉은 말은 떨면서 너를 데려간다.

여름 휴가

1
바람은 나뭇가지에 머문다.
그리고 지쳐 그네를 탄다.
먼 축제의 한 노래의
사라지는 흔적처럼 울린다.

내 행복은 잠들었고
꿈에서 거의 반만 웃는다.
아름답고 좁은 뺨과
아름다운 입술로.

내 사랑은 아래로
내 노래의 무릎에 누워
섬세한 팔다리를 뻗고
눈을 크게 뜬다.

시의 가벼운 고삐는

내 손에서 떨어지고

내 노래는 그의 날개를

녹색의 잠자는 나라로 이끈다.

2

하나의 붉은 태양은

연못의 깊은 물에 누워 있고

길 잃은 나비는

갈대와 버드나무 가지 위로 날아간다.

내 마음이 잃어버린 모든 것,

젊음의 용기와 아이들의 평화는

여기 노란 갈대 속에서 외롭고 침묵하며

세상과 고립되어 잠들어 있다.

광활한 노을처럼

나의 삶과 나의 고통은 놓여 있고,

고요히 어두운 배처럼.

내 꿈은 그 위로 미끄러진다.

내 거친 마음 위로
평화가 쏟아졌다.
나의 과거와 나의 현재가
꿈속으로 녹아 내렸다.

라벤나

1

나도 라벤나에 가본 적이 있다.

작고 죽은 도시,

교회들과 많은 폐허들,

사람들은 그것에 대해 책에서 읽을 수 있다.

너는 걸으면서 주위를 둘러본다.

거리는 너무 진흙투성이고 젖어 있으며

천년 동안 너무 조용하고

이끼와 풀이 여기저기에 자란다.

그것이 얼마나 오래된 노래인지 -

사람들은 그것을 듣고 아무도 웃지 않는다.

그리고 모두가 듣고

밤까지 그것에 대해 생각한다.

2

깊은 눈과 부드러운 몸짓을 가진

라벤나의 여인들은

고대 도시의 시대와 축제에 대한 지식을

가지고 있다.

라벤나의 여인들이 운다.

조용한 아이들처럼, 깊고 나지막하게.

그리고 그들이 웃을 때 그것은 빛나고 싶어한다.

흐린 텍스트에서 밝은 방법들이.

라벤나의 여인들은

어린아이처럼 부드럽고 만족스럽게

기도한다 그들은 사랑의 말을 할 수 있으며

거짓말을 하는 줄도 모른다.

라벤나의 여인들은

기이하게 깊고 헌신적으로 키스한다.

그리고 그들은 우리가 죽어야만 한다는 것 외에는

삶에 대해 아무것도 모른다.

주제

밤이 되고

축제는 끝나고

정원의 횃불은

붉게 타오른다.

너는 가볍게 고개를 끄덕인다.

안녕히 주무세요

너는 오늘 저녁에

너무 웃었다!

너는 이 저녁을

너무 많이 말했고

나에게 주어지지 않은

단어를 깨뜨렸다.

밤

황혼과 암젤슐레이와 함께
계곡에서 밤이 온다.
제비들은 쉬고 있고
긴 하루는 제비들도 지치게 만들었다.

절제된 소리와 함께 창문 너머로
내 바이올린의 부드러운 선이 흘러나온다.
너는 알겠니? 아름다운 밤, 노래 -
나의 옛 노래, 너에게 보내는 나의 노래.

내 마음이 떨리도록 웃으면서
시원한 바스락거리는 소리가 숲에서 들려와
조용히 다정한 힘으로
잠과 꿈과 밤을 정복한다.

움직이는 잎

내 앞에서
시든 잎사귀가 날린다.
방랑, 젊음, 사랑에는
때가 있고 끝이 있다.

잎사귀는 흔적도 없이 헤매고
바람이 가려는 곳으로,
숲에서 비로소 멈추고 곰팡이가 핀다….
나의 여행은 어디로 가는 걸까?

이른 시간

은빛들이 날아오르고

들판은 쉬고 고요하고

사냥꾼이 활을 들자

숲은 바스락거리고 종달새 하나가 솟구친다.

숲이 바스락거리고 두 번째가

솟구쳤다가 떨어진다.

사냥꾼이 포획물을 들어올리고

그 날이 세계로 들어선다.

자작나무

한 시인의 꿈은
더 미묘하게 가지를 치지 않고,
바람에 더 가볍게 기울지 않으며,
푸른빛으로 더 고상하게 떠오르지 않기를 바란다.

부드럽고 젊고 지나치게 날씬한
너는 가볍고 긴 가지를
억제된 두려움으로 매달리게 했다.
각각의 생명의 숨결마다.

부드러우면서도 흔들리는,
너는 부드럽고 순수한
젊은 사랑의 미세한 떨림으로 나에게
비유처럼 보이기를 원한다.

저주

창백하고 흩날리는 구름과 함께

모든 꿈에서 밤의 이미지는

번개가 번쩍이는 숲 가장자리와 함께

너에게 날아간다.

뜨겁고 후덥지근한 늦여름 밤,

우리가 횃불로 빛나는

흩날리는 장미로 관을 씌울 때,

네가 그렇게 뜨겁고 밝게 웃었을 때 말이다.

너는 시간의 둔탁한 종소리를 세면서

잠 못 이루는 밤을 보낼 것이며,

공원, 성(城) 및 거리를 지나

다시는 볼 수 없는 비참 속으로

검은 말을 탔던 그날 밤 이후로

내가 겪었던 모든 고난을 두려워하며

열렬히 괴롭힐 것이다.

번개치다

멀리서 번개가 열을 낸다.
수줍은 별처럼 이상한 빛을 가진
재스민은 너의 머리카락에서
창백하게 반짝인다.

너의 경이로운 힘,
너의 무겁고 별이 없는 희생,
우리는 키스, 장미꽃
숨가쁨, 무더운 밤을 바친다.

우리가 입맞춤을 거의 후회하지 않는
행복과 광채가 거의 없는 입맞춤,
우울한 춤을 추며 무르익은
잎사귀를 흩날리는 장미들.

이슬없이 지나가는 밤!
행복도 눈물도 없는 사랑!

우리 위에는 우리가

두려워하고 갈망하는 날씨가 있다

                              팔월

그것은 여름의 가장 아름다운 날이었다.

지금은 조용한 집 앞에는

향기와 달콤한 새소리가 들린다.

돌이킬 수 없을 정도로.

이 시간 황금빛 샘은

여름은 관능적으로 붉은 광채로

가득 찬 뿔을 쏟아내며

마지막 밤을 축하한다.

친구에게

저 멀리 바다 건너에 있는

내 조국의 언어로 말할 때

너는 나를 어떻게 이해하니?

그리고 내가 조용히 나의 신들에게 기도할 때,

너는 나에게 보이지 않게 함께 있고

네 친구의 손이 내 손에 있기를 바라니?

또한 나는 바이올린을 연주할 때

너의 손이 부드러운 손길로 만지는 것을 자주 느끼고,

내가 아플 때 네가 나의 고통을 느끼고

싶어할까 봐 두렵다.

때때로

먼 어린 시절의 추억이

갑자기 나를 덮칠 때면

그것은 마치 옛 전설처럼

시인의 노래로 변형된 세계 같다.

그러면 조용히 눈을 감아야만 하고

그 밝고 찬란한 시간을

불안해 해야만 한다.

마치 무거운 죄를 후회하는 사람처럼.

충고

아니, 애야, 너 혼자 길을 찾고
나는 계속 가게 해라!
나의 길은 멀고 험하여
가시덤불과 밤과 슬픔을 통과한다.

오히려 다른 사람들과 함께 거기에 가거라!
길은 미끄럽고 밟힌 곳도 많다.
나는 고독 속에서 앞으로도
혼자이기를 원하고 기도하고 싶다.

그리고 내가 산 위에 서 있는 것을 보더라도
내 날개를 부러워하지 마라!
너는 내가 높고 천국에 가깝다고 생각한다.
내가 보니 산은 그저 언덕일 뿐이다.

까만 눈

내 향수와 내 사랑은

이 뜨거운 밤에 오늘

낯선 꽃향기처럼 달콤한

뜨거운 삶으로 깨어났다.

나의 향수병과 나의 사랑

내 모든 행복과 불행은

침묵의 노래처럼 쓰여져

너의 어두운 동화 같은 시선 속에 서있다.

나의 향수병과 나의 사랑,

세상과 모든 소음은 달아났고,

너의 검은 눈 속에

비밀스런 왕좌를 건설했다.

안녕

태양이 숨어서 창백한 산속으로 가라앉았을 때,

갈색 공원의 거친 바람과 나뭇잎으로 덮인 벤치,

그곳에서 나는 너를 보았고 너는

나를 보았다 너는 조용히 검은 말을 탔고

바람과 떨어지는 나뭇잎을 통과해

성(城)으로 조용하고 엄숙하게 타고 갔다.

그것은 슬픈 재회였다.

너는 창백하고 느리게 나아갔고

나는 높은 담장 옆에 머물러 있었다.

어두워지고 있었고 아무도 말을 하지 않았다.

나는 별

나는 창공의 별이다.
세상을 숙고하고 세상을 멸시하며
자기 열정 속에서 탄다.

나는 밤에 폭풍이 몰아치는 바다다.
옛 죄를 위해 새 죄를 희생적으로 쌓는
통곡의 바다다.

나는 당신들의 세계에서 추방당했다
자존심에 의해 키워지고, 자존심에 속고,
나는 나라 없는 왕이다.

나는 조용한 열정이다.
살림 없는 집에서, 칼 없는 전쟁에서,
그리고 내 자신의 힘에 병들었다.

이탈리아의 밤

나는 램프의 깜박이는 불빛 속에서
이렇게 밝게 채색된 밤을 사랑하고,
그 안에 내 노래를 열렬히 붉게 엮어내는 것을 좋아한다.
사랑하는 이들이여, 늦은 댄스시간에 젊은이들이
어떻게 거기에 모여드는지, 그리고 우리만의 초승달이
횃불의 연기 속에서 어떻게 매달려 있는지 봐라.

그런 밤에 내 떨리는 마음은 고뇌와 욕망으로
고향으로 향하는 젊음에 귀를 기울이고
사랑에 빠진 멜로디의 박자에 맞춰 뛴다.
그러나 내 눈은 안전한 길을 가는 은빛 배에서
이상한 달을 보고 그와 같은 고독에 익숙해져 있다.

보라, 내 젊음은 화려한 게임이었고, 열광적인 춤이었고,
거칠고 목적도 없었고,
유성처럼 부서지며 사라졌다.
그런 다음 나는 세상을 엉뚱하게 방황했고

머리를 누일만한 침대도, 내 노래에 귀도 기울이지 않았고,

꿈속에서만 창백한 향수병의 땅을 발견했다.

저길 봐! 뜨거운 군중은 춤에 몸을 흔들고

기쁨으로 빛나며 환호하는 짧은 기쁨의 불타는 화환을

공중에 던진다. 마치 내 젊음이 그곳에서,

낯선 이국의 뜨거운 향기의 달콤한 도취 속에서,

새로운 춤을 추는 옛날 놀이 속에서 뛰놀았던 것 같다.

옛날 놀이! 이제는 옆으로 몸을 굽혀 서늘한 입술에

어지러운 술의 달달한 매력을 살피고 무게를 재는 것,

그리고 내 영혼은 무심코 주위를 둘러보고

향수병에 내몰린 내 심장의 박동을, 노래의 박자처럼 셀 뿐이다.

대답

네 말이 맞아! 그리고 곧 결혼식이 있을 것이다.
인생은 네 꿈에 발을 들여 놓았다.
그리고 소녀다운 사랑의 사원을 넘어뜨렸다.

그러나 죽은 성소, 연못가 산책, 노래, 달빛이
깨어 있는 밤에도 네 눈앞에
결코 없을 것이니?

그러면 너는 아름다운 장난감을 위해 울고
침대에서 고뇌에 무릎을 꿇고 젊음의 땅에 대한
향수로 가득 찬 마음을 갖게 될 것이다.

하지만 낯선 나인 나는,
너의 소녀 시절에 밝은 유대를 묶고
너와 그 사이에 매달려 흔들리고 있다.

축제

짙은 덤불은 냄새가 심하고,
바람은 플라타너스 속에서 흔들리고,
화려한 램프는 앞뒤로 흔들리고,
붉은 깃발은 지붕에서 바스락거린다.

야! 이제 모든 욕망이
밝은 불꽃으로 타오르고 있다.
이제 사랑의 성(城)이 너의 아름다운
가슴에서 함께 타오른다.

야! 이제 마지막으로
너의 뜨거운 옆에 서서
웃으면서 밝은 홀을 지나
너를 안내한다.

그리고 내일이면 도취는 끝나고
왈츠도 사라지고

우리의 아름다운 사랑은 죽고

우리의 동화가 불려질 것이다.

그럼에도 불구하고

그럼에도 불구하고 나는 젊음의

모든 시간을 즐겼다.

소중한 피가 상처와 쓰라림과

비애만을 품었다고 한탄해야 할까?

만약 그녀가 다시 돌아와서

옛날의 사랑스러운 모습을 모두 갖춘다면,

그녀가 다른 결말을 선택한다면

나는 만족할 수 있을까?

죽음은 밤에 갔다

죽음은 밤에 도시를 통과해 걸었다.

지붕의 창문은 여전히 붉게 물들었고,

아픈 시인이 시집을 들고 여전히 늦게까지

앉아있었다.

죽음은 조용히 창문을 부수고

희미한 신호등을 끈다.

숨, 눈빛, 미소,

그리고 마을과 집이 어두워졌다.

고백

누가 내 친구야?

바다 위로 길을 잃은 철새,

난파된 선원, 양치기 없는 양떼,

밤, 꿈, 집 없는 바람.

내 뒤에는 파괴된 사원,

거칠고 무더운 여름으로 자라는

사랑의 정원.

시든 사랑의 몸짓을 하는 여성들,

그리고 내가 건너온 바다.

그들은 아무 흔적도 없이 벙어리로 누워 있다

가라앉은 것이 무엇인지,

왕관, 통치 시간, 담쟁이덩굴로 뒤덮인

친구의 이마를 아는 사람은 아무도 없다.

그들은 내 노래에 흔들리며 누워 있고

내 가냘픈 오른손이 재빠른 펜으로

내 삶을 삽시간에 파헤칠 때

나의 밤 속으로 창백하게 사라진다.

나는 한 번도 목표를 달성한 적이 없고,

내 주먹이 적을 몰아붙인 적이 없고,

내 마음은 충만한 행복을 느껴본 적이 없다.

어머니가 서있는 정원에서

어머니의 정원에는 흰 자작나무가 있고,
잔잔한 바람이 분다, 그래서 거의 들리지
않을 정도로 조용하다.

길에 있는 내 어머니는
슬픔을 안고 왔다 갔다 하며
생각속에서 찾으러 간다.
그녀는 내가 어디에 있는지 모른다.

어두운 죄책감이 나를
수치심과 고통 속에 몰아넣었다.
내 작은 어머니, 인내심을 갖고
내가 죽었다고 생각하세요.

철학

무의식에서 의식으로

거기에서 다시 많은 길을 거쳐

우리가 무의식적으로 알았던 것으로,

거기에서 무자비하게 내던져

의심으로, 철학으로,

우리는 첫 번째 단계의 아이러니에 도달한다.

그런 다음 부지런한 관찰을 통해,

여러 면에서 날카로운 거울을 통해

우리를 얼어붙게 만드는 당혹감과

잔인한 철의 폭력 속에서

세상을 경멸하는 차가운 틈으로 우리를 이끈다.

그러나 그녀는 지혜롭게

우리를 좁은 지식의 틈을 통해

자기 경멸이라는 쓸쓸하고 달콤한 노인의 행복으로

되돌아가도록 안내한다.

파두아

거의 독일의 마을, 그렇게 좁게 지어졌고,
골목과 박공 건물은 어렴풋이 친숙하다.

여기에서 나는 몇 시간, 며칠, 몇 주를 꿈을 꾸고
목표 없이 허비하고 싶다.

여기서 나는 걱정없이 아름다운 가슴으로
가벼운 사랑의 즐거움을 낭비하고 싶다.

나는 여기에 머물고 싶다 - 자유로운 공기가 저쪽
동쪽에 이상할 정도로 밝지만 않았다면 말이다.

그곳에서 나는 마법과도 같은 빛을 기다리고 있음을 알고 있다.
나의 목적지는 베니스! 그리고 나는 빠르게 여행한다.

나의 익숙한 꿈

폴 베를렌의 시에서

나는 다시 모르는 사람들 꿈을 꾼다.
내 꿈에서 그토록 자주 내 앞에 섰던 사람들.

우리는 서로를 사랑하고, 그녀는 손으로
내 이마의 엉킨 머리칼을 훌륭하게 쓰다듬어 준다.

그리고 그녀는 내 불가사의한 본성을 이해하고
내 어두운 마음을 읽을 수 있다.

너는 내게 묻는다, 그녀는 금발이니?
몰라, 하지만 그녀의 얼굴은 한 편의 동화 같다.

그리고 그녀의 이름은 뭐지?
몰라, 하지만 너의 이름은 달콤하게 들려,
마치 먼 옛날이 노래하는 것처럼

너는 멀리 떨어져서 길을 잃었다.

그리고 그녀의 목소리는 우리에겐

죽은 사랑하는 이들의 목소리처럼 어둡다.

그리고 매일 밤 똑같은 꿈

꿈: 당신은 멀리서 조용히 서있다.

내 심장이 뛰기 시작한다.

오 어머니, 어머니, 당신은 내게

올 수가 없나요?

그리고 매일 밤 똑같은 꿈!

내 심장은 헐떡거리며 흐느끼기 시작한다.

오 어머니, 왜 당신은 내게

올 수가 없나요?

연주자

봄과 여름은 녹색으로 떠오르고

노래를 부르고

세상을 화려하게 장식하고

지쳐 땅에 다시 절한다.

세월의 화환에서 꿈꾸며

아름다운 전설, 미소, 빛이 사라진 것처럼

덧없는 밝은 시간이

나에게 인사한다.

하루의 변화에 몸을 떨며

황금과 사랑이 윙크할지 모른다.

내 손은 슬프게도 장식된 칠현금을

가라앉히게 한다.

아름다움에게

너의 부드러운 손을 우리에게 다오!
어머니의 손에 찢긴
우리 아이들은 어둠 속에서
이국 땅을 헤매고 있다.

가끔 어두웠을 때,
고향 풍습은 불안한 여정에
당신의 목소리에 멋진
빛과 위안을 선사한다.

목적지도 길도 없는 방랑자
우리는 어두운 먼 곳에서 방황한다.
너는 은혜롭게 인도해 주겠니!
위대한 아침이 올 때까지!

들판 위에

하늘에는 구름이 떠있고 들판에는 바람이 분다.

어머니의 잃어버린 아이는 들판을 헤매고 있다.

길을 가로질러 나뭇잎이 흩날리고,

나무 위 새들이 지저귄다.

산 위 어디인가에 나의 먼 집이 있는 게 틀림없다.

자정 후 한 시간

자정 후 한 시간,
숲과 늦게 나온 달만 깨어 있고
인간의 영혼은 하나도 깨어 있지 않은,
넓고 큰 하얀 성(城)이 서있다,
나와 내 꿈만 거주하는.

그곳은 홀마다 그림으로 빛나고
내 꿈은 나와 함께 하는 손님이다.
잔은 빙빙 돌고
노래의 인사와 수다의 흐름은
이른 아침을 쉬게 한다.

주먹으로 벽을 세게 두드리고
들어와서 꾸짖고 손에는
태양등을 들고 있다.
그리고 바람에 부서지는 빛처럼
내 꿈의 세계는 산산조각 난다.

모든 벽들에서 찬란함이 떨어지고

가혹한 삶이 울부짖고

나는 그 힘에 복종해야만 한다.

부끄럽고 낙담하며, 멍에에 시달리고 있다.

- 오 한 밤중이여, 내가 너를 얼마나 기다리는지!

한 꿈이 내 문을 두드린다

들어오세요, 손님! 난 혼자야 언제나처럼,

그리고 난 당신이 필요해요.

너?! 너 앨리스? 안녕, 꼬마야!

우리가 함께 잡담 하지 않은 지

얼마나 오래되었지!

나는 고독에 익숙해졌다.

내가 여전히 잡담 할 수 있는지 보자

들어봐!

알고 있니, 기억하니, 앨리스?

죽어가는 태양은 여전히 숲에 매달려 있고

초원에는 아무도 없다.

넓고 매끈한 배나무는

우리의 욕망을 하늘에 숨겼다. 산으로부터 먼 곳에서

초저녁 별이 솟았다.

아는 체 하는 저녁바람이 울타리 밖으로 슬금슬금

기어나와 어린아이처럼 웃고, 또 웃었다.

그거 알아?

네, 신혼여행이었어요

장미꽃 속의 온 세상!

넌 너무 좋았어.

그리고 밤낮으로 찾아왔다.

키스와 애무로 내 뒤에 도둑처럼 뒤에서.

너는 정말 멋졌다!

그리고 지금, 내 금발, 말 해!

그 무더운 여름날

나는 들뜬 마음으로 너를 찾아 한참을

귀를 기울이면서 불렀다, 어디 갔니?

이제 너는 평소처럼 나와 함께 앉아

내 마음을 부드럽게 그리고 노래로 가득 채우고,

나를 보고 아첨해. 배나무 아래서 그랬던 것처럼.

그게 꿈이었나요?

발제 브릴란테

쇼팽의 춤은 홀에서 시끄럽고

거칠고 거침없는 춤,

창문은 흐린 날씨로 빛나고

날개는 시든 화환으로 장식되어 있다.

당신은 그랜드 피아노, 나는 바이올린

그렇게 우리가 연주하고 끝나지 않는 방법

그리고 초조하게 기다린다, 당신과 나,

누가 먼저 마법을 깨뜨릴지.

누가 먼저 박자를 멈추고

자신에게서 등불을 밀어내고,

답이 없는 질문을

가장 먼저 하게 될까요?

구경꾼

상처 난 가슴에 오래된 가슴 아픈 일,
나는 먼 젊음이 가장 좋아하는 욕망을 실천한다:
몇 시간 동안 멈춘 눈으로
여름 구름의 하얀 기차를 따라가는 것.

그리고 내가 보고 행하고 겪은 모든 것이
높은 구름을 따라간다.
나는 영원한 법칙에 따라 항해하는 것을 본다.
한때 나에게 거칠고 규칙이 없는 것처럼 보였던.

그리고 기쁨도 슬픔도 없이
영원으로 건너가는 기차를 봐라.

흐린 밤

내 사랑, 흐린 밤 폭풍우가 몰아치는

나무 꼭대기와 함께,

얼마나 갑자기 죽음의 광채가

성급한 박동 속에서 타오르는가!

너 고통의 노래, 너 슬픔의 노래,

전율과 죽음의 생각,

나는 너의 향수병 밤의 거친 매력을

비밀스럽게 잘 알고 있다!

내 어린 시절 한 번처럼

너는 내 마음을 어두운 슬픔으로 채웠다

그것은 잘 알려진 오래된 고통,

그 이후로, 오래된 슬픔이다

더 슬프고 달콤하지 않은.

히루자우에 대해

고귀한 전나무 아래서 휴식을 취하며,

나는 옛날을 기억한다,

내 첫 소년시절의 고뇌 속으로

똑같은 숲 내음이 흘러 들던 그 때를.

이 곳에서- 나는 이끼에 누워

수줍게 그리고 격렬한 소년처럼 꿈을 꾸었다

금발에 날씬한 소녀의 모습을,

내 화환속의 첫 장미.

시간이 흘렀다 그 꿈은 늙어서

나를 떠났다, 다른 하나가 왔다 -

그 꿈도 작별한 지 얼마나 오래인가!

그 첫번째가 누구를 위한 것인지 나를 괴롭힌다

그래 누구? 나는 단지 기억한다: 그녀는

사랑스럽고, 날씬한 금발이었다는 것을.

죽음의 제국

불이 꺼지고 밤이 집에 들어온다.
밝은 낮의 유령들이
흐려져 사라지고 있다.

나에게 망각을 제공했던 컵이 사라졌다.
내 머리는 회색이고 내가 사랑했던
모든 것은 죽었다.

나는 보라색으로 몸을 감싸고
내 제국을 살펴본다.
거리와 정원은 눈으로 덮여 있고
하늘은 활기 없고 흐릿하다.

내 머리는 회색이고
바람에 은빛 머리카락은 흩날린다.
파수꾼은 지켜보고 호출한다,
죽어가며 지나가는 시간을.

젊음의 도망

지친 여름은 고개를 숙이고
호수에 비친 자신의 창백한 모습을 본다.
나는 지쳐 돌아다니고 먼지를 뒤집어썼다.
가로수길 그늘에서.

망설이는 바람이 포플러 사이로 불고
내 뒤의 하늘은 붉고,
내 앞에는 저녁의 공포와 황혼
그리고 죽음이 있다.

나는 피곤한 채 먼지투성이로 걷고 있고,
내 뒤에는 젊음이 머뭇거리며 서 있고,
아름다운 머리를 숙인 채
더 이상 나와 함께 가려고 하지 않는다.

스핑크스

이것은 인생의 가장 심오한 인생목록이다:
모든 길의 장소를 아는 것이다.
스핑크스가 숨겨진.

나는 인생에서 그 어떤 날도 찾지 못했다.
그 깊은 곳에 누워 있지 않다.
두 얼굴의 괴물은 웃으면서.

나는 종종 그녀를 지나쳤고
탐욕스럽게 내 발걸음에 매달려 있는
녹색의 굶주린 시선을 보았다.

나는 지나가며 친절하고 화난
감정가의 눈으로 그들을 맞이했다.
여전히 명랑하고 착한 야수냐?

그녀는 이미 오래전부터 내 얼굴을 알고 있었고

성난 호랑이 시선으로 나를 따라오지만

발톱은 보이지 않는다.

낯선 도시

그것이 얼마나 이상하게 슬픈지,
고요한 밤에 누워 잠을 자고
달빛 지붕이 있는
이상한 도시를 걷는다.

그리고 탑과 박공 지붕 너머
놀랍게 도망치는 구름은
조용하고 힘이 넘친다.
정처 없이 고향을 찾는 영혼처럼.

그러나 너는 갑자기 압도되어
고통의 마법에 굴복하고
손에서 꾸러미를 내려놓고
길고 쓰라린 눈물을 흘린다.

죽은 자들

1

거리는 온통 고요했고

오직 너의 창만 여전히 빨갛고,

네 방에는 너와

너, 그리고 죽음만이 있었다.

밤은 구름처럼 캄캄했고

시든 잎사귀들이 줄지어 천천히 움직였다.

그녀는 나에게 말했다.

나는 너를 사랑했다,

나를 들어오게 해다오.

너의 불이 꺼졌다, 난 혼자였다.

그때 내 창문이 열렸고

우리는 오랫동안 단둘이 함께 앉아있었다.

나와 밤.

2

지금 너는 결코 들을 수 없다.

내가 활을 현에 대고

조용한 스트로크로

널 부를 때면.

지금 너는 결코 볼 수 없다.

자정이 지난 늦은 시간

내 작은 사과가 여전히 종이와 펜 옆

구석에 깨어 있는 것을.

그리고 정원에 서있고

내가 너를 위해 심은 아름답고 하얀

차장미들을

결코 볼 수 없다.

그리고 또한, 나의 바이올린이

홀로 집에 깨어 있을 때,

나는 종종, 나의 사랑, 네가

내 곁에 있다고 느낀다.

내가 너를 사랑하기 때문에

내가 너를 사랑하기 때문에, 나는 밤마다

거칠게 속삭이면서 너에게 간다.

너는 결코 나를 잊을 수 없고

나는 너의 영혼을 가졌다.

그녀는 이제 내 곁에 있고 완전히 내게 속해 있다.

선 속에서 또한 악 속에서,

나의 거칠고 불타오르는 사랑으로부터

어떤 천사도 너를 해방시킬 수 없다.

연극

"지루한 연극, 이제 끝내 버려!"
다른 사람이 나의 작은 말을 하게 해다오,
나는 결정적인 재능이 없었다.
가시 면류관을 쓸만한.

내 번쩍이는 반짝이 드레스를 위해
내게 주어라. 따뜻한 양모 중 하나를,
그리고 순수한 행복, 가치 있는 고통을,
나의 가련한 역할 대신에"

운명이 웃는다; 너는 바보, 여기 남아 있어라.
그리고 놋쇠 박차를 철컥철컥 울리게 해라,
그렇지 않으면 너의 비극적 역활들의
신적인 아이러니가 사라질 것이다.

그가 어둠속에서 간다

그는 기꺼이 어둠속에서 간다, 검은 나무들의
거대한 그림자들이 그의 꿈들을 차갑게 한 곳에서.

그러나 그는 그의 가슴 속에서 빛 후에 포로로
고통을 당했다; 빛을 향해! 불타는 열망.

그는 알지 못했다, 자기 머리 위에 완전히 순수한
은빛 별들의 맑은 하늘이 있다는 것을.

아가씨 로자

빛이 가득한 이마를 가진 너,

멋진 갈색 눈동자와

비단결 머리칼의 너,

나는 너를 안다! 그러나 너는 나를 알지 못한다.

투명한 얼굴의 너,

조용하고 이국적인,

사랑스런 노래형식의 섬세함을 가진 너,

사랑해! 그러나 너는 나를 알지 못한다.

옮긴이 **이장영**

서울에서 태어나 한양대학교 독어독문과를 졸업한 후에 연세대학원 독어독문과에서 논문 '칼 크롤로브의 자연시에 나타난 현실과의 교류가능성'으로 석사 학위를 받았다. 1999년 시문학 신인우수상으로 데뷔하였으며 시집 '기억의 그늘(2009)', '아쿠아리움의 쏠베감펭(2021)'을 발표했다.

前) 연세대학교 총동문회 상임이사

前) 청마문학회 감사

헤르만 헤세 시집

펴낸날 2024년 12월 27일

지은이 헤르만 헤세

옮긴이 이장영

펴낸이 李張永

펴낸곳 도서출판 교원사

등록번호 265-98-00716

주소 인천광역시 서구 마전로 99번길 17, 404호

전화 010-7416-7127 팩스 0504-016-7127

ISBN 979-11-969194-3-6

값 7000원